AF257216

G. ROMILLY, Capitaine-Breveté

ooo d'Artillerie Coloniale ooo

Éditions de l'ARMÉE MODERNE

ÉTUDE

SUR

La Guerre contre les Pirates

AU TONKIN

ANGOULÊME

IMPRIMERIE MILITAIRE L. COQUEMARD et Cⁱᵉ

42, RUE FONTAINE-DU-LIZIER, 42

1910

ÉTUDE

SUR

LA GUERRE CONTRE LES PIRATES

au Tonkin

G. RUMILLY, Capitaine-Breveté

o o o d'Artillerie Coloniale o o o

Éditions de l'ARMÉE MODERNE

ÉTUDE

sur

La Guerre contre les Pirates

AU TONKIN

ANGOULÊME

IMPRIMERIE MILITAIRE L. COQUEMARD ET Cie

42, RUE FONTAINE-DU-LIZIER, 42

1910

Étude sur la Guerre
contre les Pirates au Tonkin

Cette étude est le résultat de l'expérience acquise pendant quatre mois de campagne au Tonkin, en 1909, à la colonne dite du *Phuc-Yen*, dont nous avons fait partie en qualité de Major de colonne (chef d'état-major), bien placé, par conséquent, pour voir l'ensemble des opérations.

Nous avons pensé qu'il pourrait être intéressant de faire connaître la tactique employée contre nous par les pirates et celle que, d'après *l'expérience* de nombreux combats, il paraît rationnel de leur opposer.

Sans doute, les *principes essentiels* de la tactique sont de tous les temps et de tous les pays ; sans doute encore, il convient de s'inspirer des *règles générales* posées par nos règlements de manœuvre actuels pour l'emploi de l'infanterie et de l'artillerie ; mais les *procédés d'application* de ces principes et de ces règles générales ne sauraient être les mêmes au Tonkin qu'en France, dans la guerre de partisans et dans la grande guerre de masses. Ces procédés d'application dérivent étroitement de la nature et de la configuration si spéciales du pays tonkinois. — Delta ou montagne —, de son climat,

1.

de la nature de l'adversaire et de sa manière de combattre.

Ce sont ces procédés que nous nous proposons d'étudier.

Le général *Galliéni*, dans son ouvrage : *Trois colonnes au Tonkin*, a magistralement exposé les principes de la guerre dans la zone montagneuse ou boisée. Notre ambition ne saurait être d'égaler ce modèle ; mais, simplement, d'exposer d'abord une série de réflexions sur une guerre sensiblement différente, la guerre en plaine dans le Delta et d'indiquer ensuite un exemple de combat en montagne.

LES BANDES PIRATES.

Les bandes que nous avons combattues dépendaient du *Dé-Tham*, notre vieil adversaire au Tonkin, qui tenait la campagne pour la troisième fois. Énergique, rusé, tenace, le *Dé-Tham* n'est pas un vulgaire bandit. Il jouit d'un ascendant prestigieux sur ses partisans, aveuglément dévoués, sur la populationtout entière du Tonkin qui voit en lui une sorte de héros national. C'est un vrai chef, un chef tout désigné pour les luttes futures de l'indépendance. C'est un adversaire des plus sérieux. Il a pour lieutenants des hommes énergiques et audacieux, nos ennemis acharnés : *Ca-rinh, Cat, Babieu, Huan*.

Le *Dé-Tham* recrute ses bandes, soit parmi les repris de justice, soit parmi les Annamites que notre occupation du Tonkin a lésés ou que notre politique fiscale exaspère. On peut affirmer que le nombre de ses partisans armés n'est limité que par celui des fusils dont il dispose et que leur effectif peut toujours être tenu au complet.

L'armement est disparate : carabines et fusils modèle 1874, mousqueterie modèle 1892, fusils modèle 1886, fusils de tirailleurs indo-chinois modèle 1902, fusils Winchester, revolvers et pistolets Browning. La plupart de ces armes et des munitions correspondantes ont été volées ou livrées par des transfuges. Les pirates doivent être abondamment pourvus de cartouches car, dans certains combats, ils ont donné l'impression très nette qu'ils ne les ménageaient pas. Ils ont trouvé d'ailleurs un moyen original d'utiliser leurs étuis vides : ils coupent une balle en deux dans le sens transversal, et sertissent les deux moitiés dans deux étuis, après avoir également partagé la charge de poudre Comme ils ne tirent guère qu'à bout portant, ils obtiennent ainsi deux projectiles d'une efficacité très suffisante — nos blessés l'ont éprouvé.

Divers facteurs rendent particulièrement pénible et difficile la lutte contre les pirates ; la complicité des habitants, l'extrême mobilité des bandes, le climat, la configuration des villages tonkinois du Delta, la nature de la région montagneuse. Nous allons les mettre successivement en relief.

Complicité des habitants. — Les habitants des régions de *Yen-The*, du *Phuc-Yen* et du *Vinh-Yen* dans lesquelles opère le *De-Tham* sont de cœur avec lui. Il se pose à leurs yeux et ils le regardent comme un héros national qui veut secouer le joug de l'étranger détesté.

Beaucoup de ces habitants ont d'ailleurs particulièrement souffert de notre occupation. Anciens propriétaires du sol, ils en ont été dépossédés parce qu'ils avaient abandonné leurs villages à notre approche et ont été contraints ensuite, pour ne pas mourir de faim, de cultiver leurs propres terres, comme métayers, pour le compte d'Européens concessionnaires. On a racheté, il est vrai, partie de ces concessions, mais à charge, pour les villages, de verser un certain nombre d'annuités de rachat.

Il ne faut donc pas s'étonner si ceux que nous appelons les pirates et que les indigènes considèrent comme des insurgés trouvent partout accueil et discrétion: D'après le chef soumissionnaire *Huân*, ils ne molestent d'ailleurs nullement les habitants. Ils se contenteraient pour vivre — à l'aise — de frapper une contribution en argent sur les riches, mais ils paieraient comptant et au-dessus du cours tous les vivres qui leur sont nécessaires. Cette assertion s'est trouvée pleinement vérifiée par la découverte du carnet de comptes de *Ca-Rinh*, 1er lieutenant du *Dé-Tham*, carnet pris au combat du *Nuilang* (5 octobre). Les riches, seuls, pourraient se plaindre mais ils s'en gardent bien.

Dans le même ordre d'idées, beaucoup d'officiers ont maintes fois constaté que, pendant le combat, les pirates épargnaient visiblement nos tirailleurs, miliciens ou partisans, leurs frères de race, pour concentrer exclusivement leur feu sur les Européens.

Le résultat de cette complicité tacite des habitants et des pirates, complicité volontaire ou résignée, est l'absence complète de renseignements sur ceux-ci. Il n'y a guère d'exemple que les *nhaqués* ni les autorités indigènes locales (chefs de village ou de canton) soient venus dénoncer à l'autorité française, militaire ou civile, la présence d'une bande dans leur village. Le *Dé-Tham* est resté deux mois dans les villages du huyen de *Lap-Thach* sans être signalé ni par les habitants, ni même par le mandarin chef du huyen qui affirma constamment au Résident de la province qu'il n'y avait pas de pirates dans la région. Le *Dé-Tham* sait d'ailleurs inspirer une crainte salutaire et malheur au village qui l'aurait trahi : la destruction totale par le feu et la tête des notables expieraient la trahison.

Il n'est donc pas étonnant que nous ne sachions rien alors que parfois les bandes stationnent tranquillement à quelques kilomètres de nos cantonnements. Fait-on fouiller les villages par des reconnaissances ? les pirates, leurs fusils bien cachés, se transforment en inoffensifs paysans que rien ne permet de soupçonner.

Le service des renseignements lui-même, insuffisamment organisé parce que n'ayant pas les ressources pécuniaires nécessaires et composé d'émissaires incapables ou douteux, ne donne que des indications erronées et incomplètes.

En fait, nos colonnes ont été presque constamment aveugles. Les Chefs pirates sont les maîtres de l'heure. Ils nous imposent le combat où il leur convient, quand il leur convient, après s'y être minutieusement préparés. Et toujours, ils nous lancent le défi de la même façon, en incendiant un village pour bien nous montrer où ils nous attendent, car ils veulent se battre et ils nous attendent de pied ferme.

Extrême mobilité des bandes. — Composées d'un petit nombre d'individus (quelquefois 60, mais le plus souvent 15 à 20) connaissant parfaitement le pays, n'ayant d'autres bagages que leur fusil et leurs cartouches, les bandes de pirates sont d'une mobilité, d'une fluidité extrêmes et il est pratiquement impossible de les saisir quand elles ne veulent pas nous attendre. Lors même qu'on les a étroitement investis dans un village, comme à *Bach-Da* (13 août 1909), à *Thuong-Yen* (16 août), les pirates trouvent le moyen de s'échapper la nuit. Ils sortent par des trous que nous ne connaissons pas et rampent silencieusement un à un, comme des couleuvres, à travers les rizières qui les masquent, ou bien ils traversent, sans être vus ni entendus, des mares profondes de 4 à 5 mètres que nous supposons infranchissables. Ils emploient pour cela un véritable truc : ils passent au fond de l'eau tenant leur fusil d'une main, comprimant leurs narines de l'autre et respirent par un tube de bambou, placé dans la bouche, dont l'extrémité affleure à peine la surface de la mare.

Climat. — La colonne du *Phuc-Yen* a été formée le 8 juillet, en plein été. La réputation de l'été tonkinois est bien assise : chaleur humide, soleil implacable. On se rend compte combien la marche est pénible pour les Européens par 34° de chaleur (à l'ombre), sous un ciel de feu et quelle entrave le climat apporte à nos opérations. Quelques faits le feront mieux saisir. Lors de la marche sur *Thuong-Yen*, le 16 août, soixante Européens tombent frappés de coups de chaleur : aucun n'est heureusement mortel. Le même soir, au cours du combat, le ventre dans la rizière inondée et torride, les yeux brûlés par la réverbération ardente, la souffrance est telle que toute une section doit reculer pour se plonger dans une mare moins chaude et s'y rafraîchir : ce qui ne l'empêchera pas de donner l'assaut plus tard. Il faut la qualité exceptionnelle de nos marsouins pour résister à de telles fatigues, la gaieté aux lèvres : à *Yen-Lô*, le 6 septembre, alors que 3 Européens seulement sont tués au cours de l'engagement, 4 meurent d'insolation !

Les villages du Delta. — Le Delta tonkinois, terre d'alluvions, est une vaste plaine formée de rizières inondées pendant les 2/3 de l'année, traversée de digues formant chaussées. Les plans de niveau diffèrent, qui constituent les « carrés » de rizières sont séparés, pour retenir l'eau, par de petits talus très étroits, de 20 à 30 centimètres de relief, à peine praticables aux piétons. Les villages sont assis au milieu de la rizière qu'ils dominent à perte de vue, sur le bord des grandes digues servant de chemins.

Pendant des siècles, le Tonkin a été le champ clos où Annamites et Chinois se sont disputé sa possession, la terre d'élection des bandes de brigands. Aussi, pour se mettre à l'abri, les paysans ont-ils fortifié leurs villages. Pas un hameau qui ne soit une forteresse redoutable agencée avec cet art de la « chicane » et de la ruse inné chez les asiatiques.

La lisière extérieure est formée d'un mur continu, en terre, d'un mètre environ d'épaisseur et de 2 mètres de hauteur, surmonté d'une ceinture inextricable de bambous touffus, toujours verts, qui, de loin, donnent l'impression de riants boqueteaux. Souvent bordé d'un fossé, profond de plusieurs mètres, le mur extérieur est entouré par la rizière qui lui forme un glacis indéfini. On ne pénètre dans le village, en suivant les chaussées ou de mauvais talus de rizière, que par 3 ou 4 portes, basses et étroites, faciles à barricader.

On se rend compte de la difficulté, pour un assaillant forcément placé à découvert, obligé de patauger dans la boue ou de suivre d'étroits sentiers, d'aborder de telles forteresses lorsqu'elles sont énergiquement défendues, par des tireurs bien abrités.

Lorsqu'on a réussi à pénétrer dans le village, le problème est loin d'être résolu, car aucun terrain de chicane, de défense pied à pied, n'est plus merveilleux !

Tout d'abord, on ne peut guère entrer que par les portes car, seules, elles sont dotées de chemins d'accès vers l'intérieur. Eût-on réussi à franchir en un point, malgré le fossé extérieur, l'épais lacis de bambous de la lisière, qu'on tomberait soit dans des mares, soit dans des fourrés touffus et inextricables où l'on risquerait d'être fusillé sans défense par un invisible ennemi. Les points d'attaque sont donc forcés et, par conséquent, connus à l'avance des défenseurs.

Les chemins intérieurs sont d'étroits sentiers où l'on ne circule que par un, deux au plus, tortueux et capricieux, tantôt bordés de mares profondes de 4 à 5 mètres, tantôt longés de murs en terre surmontés des inévitables bambous. On y est sous la menace constante d'un adversaire tapi, impossible à voir, soit enfoncé jusqu'au cou dans la mare, la tête masquée par une touffe de lotus, soit aplati derrière un mur, ou dans un trou, qui vous guette au passage et vous assaille de front ou de flanc, à bout portant, d'un feu meurtrier. Heureux quand on ne s'engage pas dans un cul de sac savamment préparé où l'on vient, entre 2 mares, se heurter à une barricade solide.

Il est imprudent de se confier à un guide. A *Bachda* le ly-truong (maire du village), complice des pirates, avait sciemment conduit notre colonne d'attaque à l'endroit le plus dangereux, traquenard préparé, où elle devait être exterminée sans défense. Elle ne put, heureusement, pénétrer en cet endroit, par la porte extérieure trop bien défendue.

Les cases annamites, la plupart en torchis, quelques-unes en briques, forment des îlots entourés de murs en terre et de mares, petites forteresses à l'intérieur de la grande, et c'est entre ces îlots que courent les étroits sentiers qui constituent les « rues » du village.

Nous en avons assez dit pour faire comprendre combien terrible et sans merci est l'enlèvement d'un tel village défendu par des individus résolus, bons tireurs, calmes et patients, rusés et tenaces, invisibles et muets, qui savent n'user de leur feu qu'en toute certitude, à quelques mètres.

Combien cette guerre, sous un tel climat, est plus pénible que la grande guerre européenne et cependant, parce que qualifiée modestement d' « opération de police », combien peu, en général, on sait apprécier le véritable héroïsme qu'y déploient nos admirables troupes coloniales.

Nous sommes amené ainsi, par une transition toute

naturelle, à parler de celles-ci et de leur conduite au feu dont nous avons été le témoin enthousiaste. Les troupes coloniales françaises, marsouins et bigors, sont de grandes méconnues.

La presse métropolitaine a fait grand bruit d'actes de banditisme dus aux apaches que la Loi du recrutement nous *oblige* à recevoir, aux jeunes voyous que certains commissaires de police de grandes villes ou que leurs parents obligent à s'engager chez nous, *sans que les chefs de corps puissent les refuser*.

Mais quelle erreur de conclure, de ces cas isolés et regrettables, que la masse des coloniaux est gangrenée. Sans doute, nos troupiers ne sont pas de petits saints et la vie monotone de la garnison ne leur convient guère, pas plus qu'elle ne convenait aux grognards du 1er Empire et, qu'on s'en souvienne, aux vieux chevronnés du second. Mais aux manœuvres et en campagne, quels admirables soldats, disciplinés — oui disciplinés — pleins de vaillance et d'entrain.

Nos tirailleurs indigènes eux aussi, ont été méconnus. Ils n'ont pas l'élan, la belle audace, le patriotisme des troupes françaises : ils sont froids, mais souples et endurants. Bien commandés, par des chefs qu'ils connaissent, encadrés d'unités européennes qui leur donnent l'exemple, les tirailleurs sont d'excellents soldats. Au combat de *Yen-Lô* (6 septembre 1909) lors de l'assaut final déclanché à 20 mètres du repaire des pira'es, alors que les premiers devaient fatalement tomber — comme ils sont tombés, fauchés par l'ennemi — nous avons vu les tirailleurs s'élancer magnifiquement à la baïonnette, avec le même courage que leurs camarades européens. Les exemples de dévouement et même d'héroïsme sont très fréquents chez eux. Quoiqu'on en ait dit, si nous savons choisir leurs cadres, les soustraire à l'influence néfaste des grands centres et à la propagande des fauteurs de complots, les entraîner par la vie de campagne, nos tirailleurs nous rendront d'excellents services. C'est l'opinion de tous ceux qui les ont vus *au feu* et qui les connaissent réellement.

La montagne tonkinoise. — Nous ne dirons que quelques mots de la montagne tonkinoise peu élevée, mais abrupte, touffue, couverte de brousse inextricable dépourvue de toute ressource. C'est, plus encore que dans la plaine et avec plus de fatigue, la marche dans l'inconnu, la guerre de surprises et d'embuscades, la lutte à bout portant.

LA TACTIQUE DES PIRATES

Ce que nous avons dit jusqu'ici des pirates — mi-bandits, mi-insurgés — et de leur chef, le Dé-Tham, fera mieux comprendre le *but* qu'ils assignent à leurs efforts contre nous. Ce but est simple : nous faire le plus de mal possible.

Ce n'est pas par l'offensive qu'ils cherchent à l'atteindre : leur petit nombre, leur organisation, le leur interdisent : c'est par la défensive de ruses et d'embuscades, conforme à leur tempérament perfide et à leurs traditions. comme leurs aïeux, ils s'embusquent dans leurs villages ou dans les fourrés de la montagne dont ils savent merveilleusement utiliser les admirables propriétés défensives. Le fusil a remplacé l'arc, mais les méthodes, les procédés eux-mêmes n'ont pas changé, immuabilité qui nous permet, une fois ces procédés bien connus, de les mieux déjouer. Il est curieux de constater que ces traditionnalistes méticuleux n'ont même pas eu l'idée qu'ils pouvaient entraver sérieusement nos opérations en s'attaquant à ces engins modernes de renseignement et de transport: le télégraphe et le chemin de fer. Les bandes du Phuc-Yen ont constamment opéré près de la voie ferrée sur laquelle circulent, en chaque sens 3 trains par jour et dont nous avons largement usé pour nos déplacements rapides; ils n'ont pas touché à un rail.

Si, comme nous l'avons dit, nous ne savons rien ou presque rien sur la situation des pirates, ils connaissent parfaitement, par contre, nos cantonnements. Quand le chef a décidé de combattre il choisit un village situé à une quinzaine de kilomètres de ces cantonnements et il y met le feu, dans la matinée, pour bien marquer son entrée et nous lancer le défi. Il a calculé, en tenant compte du temps nécessaire à la transmission des renseignements, à la prise d'armes, à la marche d'approche, que la colonne ne pourrait arriver à son contact que l'après-midi, qu'elle n'aurait matériellement pas le *temps* de forcer l'entrée du village, de mener le combat pied à pied à l'intérieur et d'enlever le réduit avant la tombée de la *nuit*, au cours de laquelle il est sûr de pouvoir s'échapper. Il nous aura ainsi infligé des pertes, sans résultat pour nous. Ce calcul logique s'est maintes fois vérifié, entre autres à *Bach-Da* (15 Août) à *Thuong-Yen* (16 Août).

Dès maintenant, apparaît donc pour nous l'influence prédominante du facteur *temps* et nous n'hésitons pas à dire que c'est surtout d'après le temps dont on dispose pour l'attaque qu'il faut arrêter le plan d'engagement. Nous y reviendrons, d'ailleurs.

Nous avons dit que les pirates mettaient le feu au village dans lequel ils nous attendent. Nous avions cru d'abord que c'était pour exercer une vengeance quelconque sur les habitants. D'après le chef soumissionnaire *Huân*, il n'en est rien et c'est en effet fort probable car rien n'obligerait la bande à rester dans le village, sa vengeance assouvie. L'incendie n'aurait d'autre but que de créer un court champ de tir autour du réduit choisi, ou encore de rendre inabordable une des faces de ce réduit, de canaliser en quelque sorte notre direction d'approche et de protéger la ligne de retraite en rendant impossible l'investissement complet : c'est ce que nous avons constaté à *Yen-Lô* (6 Septembre) où l'incendie n'était que partiel. Il était total, par contre à *Bach-Da* et à *Thuong-Yen*, mais peut-être n'avait-on pu l'arrêter ?

Le réduit. — En attendant notre arrivée, les pirates travaillent et font travailler quelques habitants pris comme otages à l'organisation du réduit. Sans doute, ils défendront énergiquement l'entrée du village et lutteront pied à pied à l'intérieur ; mais, vu leur petit nombre, ce n'est que dans un réduit approprié à leur effectif, aménagé, « truqué » qu'ils nous offriront le maximum de résistance.

Le réduit est donc ici l'élément capital de la défense.

Ils le choisissent et l'organisent avec un sens merveilleux de la guerre de chicane.

Le réduit est toujours appuyé à la lisière du village, presque toujours à un saillant afin d'avoir de larges vues sur la rizière découverte et de pouvoir gêner longtemps notre approche, derrière le mur en terre et sa ceinture de bambous, si nous voulions attaquer par l'extérieur. A l'intérieur l'organisation du réduit varie naturellement avec la configuration de cette partie du village. Il est parfois formé, comme à *Hin-Luong* et à *Hinh-Bac*, de murs épais en terre surmontés de bambous, comme la lisière extérieure, formant ainsi une grande fosse entourée de murs dans lesquels des gradins entaillés permettent au défenseur de s'appuyer la tête, cachée par les bambous, affleurant à peine le mur. Le coupe-coupe ou l'incendie ont détruit tout autour cases ou broussailles, dans un rayon d'une vingtaine de mètres au plus, seul champ de tir qu'ils se ménagent. Souvent, comme à *Bach-Da*, les faces internes du réduit sont formées par des mares profondes où se tapissent les défenseurs, enfoncés dans l'eau jusqu'au cou, la tête émergeant à peine derrière une touffe de lotus. Souvent encore, comme à *Yen-Lo*, ce sont des tranchées très profondes, deux ou trois, affleurant le sol et parfaitement dissimulées, se flanquant mutuellement.

Les caractéristiques générales sont les suivantes :

A l'intérieur, très court champ de tir, les pirates ne tirent qu'à coup sûr, à bout portant et par surprise : d'où l'impossibilité de nous servir d'artillerie à l'intérieur et même de mitrailleuses.

Emplacement du réduit dissimulé pour faciliter la

surprise. Il arrive même que les pirates, tapis dans leurs trous ou dans leurs mares, laissent passer tout à proximité, sans donner signe de vie, les patrouilles envoyées à leur recherche, attendant patiemment qu'un paquet de troupes « qui en vaille la peine » se présente sans défiance à leur portée. C'est ce qui s'est produit à *Hien-Luong* (25 juillet) où le malheureux Capitaine Pertuis trompé par le résultat négatif des fouilles de ses patrouilles et s'imaginant les pirates en fuite, est tombé inopinément sous leur feu, à 40 mètres avec un « paquet » groupé. En quelques instants, le Capitaine Pertuis et douze Européens sont tués, quinze blessés.

La bande de *Huân* a employé la même ruse dans son repaire de *Yen-Lô* (6 Septembre) où elle nous attendait silencieusement. Mais la leçon de *Hien-Luong* avait porté ses fruits et le réduit a été prudemment et minutieusement recherché et déterminé.

Les pirates s'efforcent de se ménager une ligne de retraite qu'ils protègent par l'incendie pour empêcher l'investissement complet. Cette ligne de retraite traverse presque toujours des mares profondes infranchissables pour nous. D'ailleurs, seraient-ils étroitement investis, qu'ils trouvent toujours le moyen de s'échapper la nuit, comme nous l'avons déjà dit, si l'assaut final n'a pas été donné auparavant.

Pendant que le gros de la bande aidé de ses otages, aménage le réduit, des éclaireurs surveillent notre approche. Dès que nos troupes sont signalées, le Chef répartit un certain nombre de ses hommes, par petits groupes de 3 ou 4, quelquefois même d'un seul tireur, à proximité des portes, seuls points possibles — nous l'avons vu — d'attaque et de pénétration.

Ces groupes parfaitement abrités et invisibles s'embusquent à proximité des portes (presque toujours barricadées), soit pour les flanquer, soit pour enfiler les chemins qui y conduisent de l'extérieur. Malheur aux braves qui se présentent les premiers pour franchir le fatal passage ou pour faire sauter la barricade à la mélinite : salués tout à coup d'un feu bien ajusté et imprévu, ils paient de leur sang leur généreuse audace ! Les salves de la mousqueterie sont impuissantes à déloger les pirates invisibles et couverts ; ils ont beau jeu d'ailleurs pour tenir l'assaillant à distance de la lisière, dans la rizière découverte, où de ridicules petits talus forment seuls de mesquins abris. Les Européens reconnaissables à leur casque font bien de s'y aplatir car le feu de l'ennemi les guette avec une préférence obstinée et les salue implacablement dès qu'ils se montrent.

A moins de terrains favorables — bien rares — facilitant l'approche à couvert, l'artillerie seule permet d'entrer de vive force dans le village en chassant le défenseur de son mur et en renversant l'obstacle.

Le village forcé, en un ou plusieurs points, les pirates essaient de gagner du temps et surtout de nous tuer encore du monde en défendant le terrain pied à pied, dans ces ruelles étroites qui se prêtent si bien à la chicane. S'ils sont menacés d'être pris à revers et coupés de leur réduit, ils s'y précipitent aussitôt, pour rejoindre la garnison de sûreté qui ne l'a pas abandonné et a surveillé et défendu, s'il y a lieu, ses faces extérieures. La véritable bataille va commencer, bataille

sans merci, à bout portant, où le défenseur complètement abrité et quasi invulnérable, attend fermement
l'assaillant qui devra traverser, pour l'atteindre, l'espace
découvert qu'il s'est ménagé. Tapis et muets, les
pirates escomptent surtout l'effet de surprise qui leur a
si bien réussi à *Hien-Luong*, dans l'espoir que nous tom-
berons à l'improviste sous leur feu sans les avoir
découverts. Il n'est pas à craindre qu'ils s'enfuient sans
nous attendre. Ils tiendront bon jusqu'à la nuit et, celle-
ci venue, s'évanouiront comme des fantômes. Aussi
lorsqu'on aura le temps d'en venir à l'assaut avant la
fin du jour les clouera-t-on au sol, dans leur repaire, à
coups de baïonnette ! (*Yen-Lô*, 6 septembre).

Tactique a employer dans le delta

A. — Organisation de la Colonne

Infanterie. — Une expérience déjà longue a montré
que la meilleure organisation de l'infanterie consistait
dans la formation de groupes mixtes, commandés par
des capitaines, et comprenant chacun : 1 peloton de
50 Européens (1 lieutenant), 1 peloton de 100 tirailleurs
(2 lieutenants). Ainsi soutenus, encouragés, entraînés,
les tirailleurs font merveille.

La colonne du *Phuc-Yen* comprenait 4 de ces groupes,
plus 1 peloton isolé d'infanterie coloniale, soutien de
l'artillerie. Un peloton de Légion et les détachements
de Garde indigène tenant garnison dans la région
participaient éventuellement à ses opérations.

Artillerie. — L'artillerie consistait en une section de 80 de montagne. La viabilité incertaine des chemins, surtout pendant les pluies de Juin à Novembre, rend très difficile sinon impossible l'emploi du 75 de campagne. Il faut se résigner aux pièces légères portées à dos de mulet ou de coolies. Mais on ne peut que regretter de voir des troupes françaises obligées de se servir d'un matériel aussi suranné que le 80 de montagne, vieux de plus de 30 ans, alors que toutes les autres nations — même la Chine — ont un canon de montagne moderne, à tir rapide.

Tel quel, notre vieux matériel rend encore de bons services contre des pirates, parce qu'il ne tire qu'à très courte distance (100 à 400 mètres) quelquefois moins de 40 mètres au combat du *Nui-Lang*, mais son action destructrice contre les *obstacles* est insuffisante. Il serait hautement désirable de voir doter nos colonnes, indépendamment de *canons* tirant de plein fouet contre les troupes, *d'obusiers* légers, démontables, pouvant être portés à dos de mulet, et tirant sur obstacles un projectile à la mélinite de 8 à 10 kilos.

Avec notre armement actuel, la destruction des obstacles ne peut guère être demandée qu'aux pétards de mélinite qu'il faut aller placer à la main. Il en a été fait un large usage et il est nécessaire d'en faire porter un assez grand nombre (150 à 200) par les mulets. Ceux-ci doivent aussi porter en surcharge des outils de destruction du modèle de parc, haches, pics, pioches, plus puissants que les outils portatifs individuels, auxiliaires utiles des coupe-coupe des tirailleurs.

Les engins de l'artillerie seront opportunément complétés par des grenades à main destinées à être lancées, dans le combat rapproché, dans le réduit des pirates. A défaut de ces grenades, l'artillerie de la colonne avait fabriqué, avec des boîtes de conserve vides genre « petits pois » ou « corned beef » ou avec des boîtes à mitraille, des bombes à main de deux calibres. Les plus petites contenaient 1 pétard de mélinite de 135 grammes et 35 à 40 balles en *fonte* (le plomb s'écrase trop facilement) : les plus grosses 2 pétards et 50 à 60 balles. L'éclatement est produit au bout de 3 à 4 secondes, par une mèche à canon de longueur ad hoc, introduite dans le pétard et allumée à la main par les artilleurs chargés du lancement. Les petites bombes peuvent être lancées à 20-25 mètres de distance — distance d'investissement final —, les grosses à 8-10 mètres.

Les bombes ont fait leurs preuves au combat de *Nui-Lang* (5 octobre). Elles constituent, dans ce pays, l'auxiliaire indispensable et efficace du canon.

Cavalerie. — La colonne du *Phuc-Yen* était dotée d'un détachement de 16 cavaliers indigènes commandé par un maréchal-des-logis européen. Il lui a rendu de précieux services, dans le Delta. En station, les cavaliers assurent la liaison des cantonnements, le service postal ; en marche et au combat ils portent rapidement les ordres et renseignements, relient entre eux les différents groupes. Ce ne sont pas des éclaireurs, mais des « estafettes ». Comme tels ils sont des plus utiles.

Etat-Major. — Il est indispensable, quelque faible que soit l'effectif de la colonne, de constituer fortement son Etat-Major. Après un mois de campagne et bien que la colonne du *Phuc-Yen* ne comportât que 600 hommes, on a reconnu la nécessité de la doter d'un major de colonne (chef d'Etat-Major) assisté d'un officier adjoint. Et ces deux officiers n'ont pas chômé !

Le service des renseignements, si délicat et si important, d'abord confié à la colonne, a été assuré ensuite par un haut mandarin portant le titre de Kham-Saï (envoyé royal), dualité qui n'a pas été sans nombreux inconvénients.

La transmission rapide des renseignements est de la plus haute importance : seule elle permet de joindre l'ennemi à coup sûr et à *temps*. On ne saurait apporter trop de soin à l'organiser : lignes télégraphiques existantes, les lignes volantes, télégraphie optique, voiturettes automobiles, estaffettes.

La rapidité du déplacement est non moins importante. Pendant la première partie de· ses opérations dans le *Phuc-Yen*, la colonne stationnait près des gares de la ligne du *Yunnam* ; elle disposa même, pendant un certain temps, d'un train spécial constamment sous pression, elle pouvait, en tous temps, utiliser les trains du service régulier. On ne s'en fit pas faute. Plusieurs fois, la colonne arriva sur le lieu du combat, avec une rapidité à laquelle l'adversaire ne devait pas s'attendre et avec le minimum de fatigue, grâce au large emploi de la voie ferrée. Les troupes étaient arrivées à un degré de mobilité remarquable ; vingt minutes après le signal d'alerte (sonnerie ou coups de canon à blanc) elles étaient prêtes à partir avec leur train de combat complet (outils, explosifs, matériel médical) emportant sur elles un repas froid.

Le service de ravitaillement et des évacuations est des plus facile dans le Delta, grâce aux voies fluviales et ferrées. Il n'en est pas de même en montagne et il convient alors de l'assurer avec un soin extrême si l'on ne veut entraver les opérations faute de vivres. Nous renvoyons à ce sujet au modèle des colonnes *Galliéni*.

Cantonnements. — Deux systèmes ont été préconisés et suivis tour à tour :

a. — Cantonnements *larges*, les compagnies à une dizaine de kilomètres les unes des autres, de façon à tenir (?) une grande étendue de pays et à pouvoir, en quelque point que se manifeste l'eunemi, y lancer rapidement une compagnie.

Ce système s'est montré nettement déplorable ; il a abouti, comme il fallait s'y attendre, à la dispersion c'est-à-dire à l'impuissance. Aux combats de *Hen-Luong* et de *Ninh-Bac* où l'on avait la chance d'atteindre le *Dé-Tham*, on ne put engager chaque fois qu'une seule compagnie sur quatre ; on subit des pertes, on n'obtint aucun résultat et le *Dé-Tham* s'échappa ! De plus le commandant de la colonne ne put intervenir personnellement qu'assez tard, laissant à un subordonné le soin délicat et d'une si grande influence sur le dénouement de déterminer le mode d'engagement.

On dut reconnaître qu'on n'est jamais trop fort — principe d'éternel bon sens — et adopter le second système.

b. — Cantonnements articulés à *faible* distance (2 à 3 kilomètres au plus) permettant de porter *toute* la colonne dans les diverses directions possibles.

Ce système a fait ses preuves. Il a seul permis, dans les rencontres suivantes, d'amener toutes les forces sur le terrain de la lutte et l'on a été bien aise de les y avoir !

B — Le Combat.

But à atteindre. — Le but à atteindre est simple : *détruire* les bandes. Il ne saurait être autre.

A une époque antérieure, des instructions officielles ont prescrit à un commandant de Colonne :

1° — d'éviter les pertes ;

2° — de ne pas attaquer à fond :

3° — de se borner à chasser les pirates dans une autre région.

Quelle aberration ! C'est ajourner le problème mais non le résoudre. C'est parce qu'on n'a pas *détruit* le *Dé-Tham* autrefois, sous prétexte d'éviter l'effusion du sang, qu'on a fait tuer tant de braves gens quelques années plus tard !

La guerre n'est pas une fadaise ; c'est essentiellement un acte brutal. Elle ne procure de résultats que si on la conduit avec une énergie indomptable, en vue du but intégral : détruire l'adversaire.

Il faut, bien évidemment, éviter des pertes le plus possible et l'on ne saurait prendre trop de précautions pour cela ; mais il faut aussi ne pas se laisser démoraliser par elles, savoir accepter virilement l'inéluctable « loi d'airain » pour en arriver à l'acte seul décisif : le corps à corps, l'assaut !

D'accord d'ailleurs avec la logique, l'expérience des combats de la colonne du *Phuc-Yen* menés et exécutés avec une vigueur incomparable, a victorieusement réfuté l'étrange allégation qu'on obtient des résultats sans rien risquer.

Concentration des forces. — Pour obtenir un résultat complet on n'est jamais trop fort. Amener toutes ses forces sur le lieu du combat est l'axiome fondamental de la stratégie et de la tactique. Il s'applique ici avec la même vertu.

On a souvent critiqué au Tonkin, dans les milieux incompétents, l'envoi d'une colonne de 500 combattants pour réduire 30 pirates et l'on s'est étonné que tous ceux-ci n'aient pas été pris ou tués à chaque rencontre.

C'est méconnaître le caractère de la lutte dans ce pays, contre ces adversaires, caractère si spécial dont nous nous sommes efforcé de donner une idée, qui permet à un pirate résolu de braver dix assaillants. Et puis, pour investir et fouiller les villages souvent si étendus, de 2 ou 3 kilomètres de périmètre, surveiller et barrer les directions de retraites, il faut beaucoup de monde.

On peut dire que l'attaque exige un effectif minimum, indépendant de celui de la défense, fonction des seules circonstances locales. C'est une vérité dont ont été frappés tous ceux qui ont visité, après coup, les villages de *Hien-Luong* et de *Ninh-Bac*, théâtre des rencontres des 25 et 26 Juillet 1909. A chacune de ces rencontres, une seule compagnie a été engagée de notre côté contre les 70 fusils du *Dé-Tham*. L'attaque ne pouvait pas réussir : elle n'a pas réussi.

Enfin, plus le nombre d'unités est grand, plus sont

grandes les facilités de manœuvres. *Yen-Lô* (6 septembre) en est une preuve où l'attaque enveloppante des 4 groupes brusqua la décision.

Il importe donc, à notre avis, d'amener *toute* la colonne sur le terrain et de l'amener *réunie* sur le point voulu.

Pas de détachements — inutiles contre un adversaire unique — ; pas de menaces sur une ligne de retraite inconnue et problématique, menace sans effet, l'ennemi nous attendant de pied ferme et combattant jusqu'à la nuit sans rompre d'une semelle. La nuit venue, bien fin qui l'empêchera de passer ! Pas davantage de manœuvres convergentes à grande envergure, surtout en pays de montagne. Il est matériellement impossible de régler avec synchronisme et de faire aboutir avec ensemble les mouvements de plusieurs colonnes suivant toujours des itinéraires de longueur, de viabilité et de difficultés très diverses, exposées à des incidents de marche impossibles à prévoir. Deux ou trois, par exemple, n'arriveront pas ou arriveront trop tard ou encore trouveront en arrivant une situation que n'avait pas prévue leurs instructions et échapperont à l'action régulatrice du chef. Ces mouvements convergents à grande envergure, qui ne sont possibles que contre un ennemi immobile et parfaitement reconnu, ne sont admissibles que pour les très grosses colonnes pouvant se fractionner en détachements dont chacun est assez fort, à la rigueur, pour venir à bout de l'ennemi.

Pour les petites colonnes d'un à deux bataillons, il est préférable, si l'on veut envelopper l'ennemi, de porter toutes ses forces réunies jusqu'au contact et de n'éclater, en quelque sorte, qu'au dernier moment, à bout portant et à coup sûr. Enveloppement tactique, pas d'enveloppement stratégique.

Et même, le combat acharné du *Nui-Lang*, livré le 5 octobre sur une montagne couverte d'un bois touffu, a montré l'extraordinaire difficulté de régler et d'exécuter avec précision, dans ce terrain, des mouvements débordants ou enveloppants déclanchés sur place par le commandement. La marche convergente de plusieurs fractions partant de points initiaux différents, ayant pour objectif d'enserrer l'ennemi dès l'abord, eût très certainement échoué ou abouti aux pires méprises.

On ne saurait trop le répéter : au Tonkin, la guerre ne se fait pas avec des formules, des clichés ; plus que partout ailleurs peut-être, elle exige un esprit éminemment objectif.

Modes d'attaque. — Deux modes principaux ont été employés pour l'attaque des villages du Delta :

1° — Enveloppement immédiat du village et pénétration simultanée de tous les groupes en plusieurs points.

2° — Attaque méthodique et pénétration en un ou deux points seulement.

La première méthode résulte d'un plan *préconçu*, non d'une reconnaissance précise indiquant, comme pour la seconde, le ou les meilleurs points de pénétration. C'est un « coup d'épervier » général et brutal, susceptible — et c'est là son grand avantage de donner des résultats *rapides*. Par contre, cet enveloppement simultané, dès l'abord, rend difficile sinon impossible la préparation de l'attaque par l'artillerie. Il expose en outre — et c'est son grand danger — les troupes enveloppantes à recevoir réciproquement leurs propres balles.

Le second mode permet davantage la direction du chef, la concentration des efforts, la liaison des armes, l'attaque sur un point pouvant être méthodiquement préparée par l'artillerie.

Une démonstration sur un autre point y attirera avantageusement l'attention de l'ennemi. L'entrée du village forcée en un point, c'est ensuite le refoulement progressif de l'adversaire à l'intérieur en avançant à l'aide du fusil, du pétard et de la pioche, puis son investissement dans le réduit qu'on détermine avec soin et que l'artillerie pourra parfois bombarder de l'extérieur du village.

Ce second procédé est moins dangereux, plus méthodique que le premier, théoriquement préférable ; mais aussi, il est beaucoup plus *lent*.

Or, nous l'avons déjà dit et l'on ne saurait trop le répéter, le facteur *primordial* de tout plan d'attaque d'un village au Tonkin, c'est le *temps*. Il est indispensable d'en *finir* avec l'ennemi *avant la nuit*, sans quoi les pertes éprouvées l'auront été sans résultat car les pirates se dérobent toujours pendant la nuit.

On choisira donc l'une ou l'autre méthode suivant le nombre d'heures de jour dont on disposera pour achever l'opération.

C'est ainsi qu'à *Thuong-Yen* (16 Août) le contact étant pris avant 3 heures du soir, l'artillerie a permis d'entrer sans pertes par une porte énergiquement défendue. Quelques jours après, le 6 Septembre, à *Yen Lô*, la colonne ne pouvant arriver sur le village avant 4 heures du soir et le jour tombant à 6 h. 30, le chef de bataillon a judicieusément choisi la manière rapide, l'enveloppement initial et l'attaque concentrique : la bande a été à demi détruite ; son chef *Hudn* faisait sa soumission quelques jours après avec ce qui lui restait de partisans, tant la vigueur de l'attaque l'avait impressionné.

Les deux méthodes peuvent donc réussir. L'essentiel, dans l'un et l'autre cas, est d'avoir un but précis, la ferme volonté de l'atteindre, de donner aux chefs de groupes des missions bien définies et bien concordantes et de leur demander, dans l'exécution, l'ardente énergie que nos admirables soldats ne nous marchanderont jamais. A *Yen-Lô*, les pirates ayant été acculés dans leur réduit et investis à 20 mètres, un assaut à la baïonnette d'un élan magnifique les a cloués dans leur tranchée. Seule a pu s'échapper la fraction de la bande postée dans une seconde tranchée protégée par une mare profonde.

Discipline du feu. — Ce qui précède fait ressortir l'impérieuse nécessité d'une absolue discipline du feu. Les tirailleries sans objet sont ici des plus dangereuses puisqu'elles risquent d'atteindre les troupes amies. Il est essentiel d'obtenir des hommes de ne tirer qu'à coup sûr, sur un objectif absolument certain et à très courte distance. On l'a obtenu à la colonne du *Phuc-Yen*. Dans ces derniers combats, les plus chauds et les plus féconds, la moyenne de la consommation n'a guère dépassé 2 à 3 cartouches par homme, résultat qui fait grand honneur aux officiers des compagnies.

Assaut. — L'assaut final sur les retranchements de

l'adversaire a toujours été donné exclusivement à la baïonnette. Lorsqu'il a pu être préparé par l'artillerie ou par les bombes, il a toujours réussi, presque sans pertes, l'effet moral produit par cette irruption soudaine paralysant un ennemi déjà affaibli. Une fois même, au combat de la montagne du *Nui-Lang*, le 5 octobre 1909, après que deux tranchées eurent été successivement enlevées de cette façon, les pirates démoralisés n'attendirent pas l'abordage dans une troisième — contrairement à leur pratique constante — et s'enfuirent précipitamment abandonnant des armes et des munitions. Tant il est vrai, qu'à la guerre, la vigueur extrême d'une attaque, déclanchée à point, porte en elle la quasi certitude du succès !

Un combat en montagne

Combat du Nui-Lang (5 octobre 1909)

Nous terminerons cette étude en donnant un aperçu succinct du combat livré le 5 octobre 1909 sur la montagne du *Nui-Lang*, le plus dur et le plus chaud de tous ceux qu'a livrés la colonne dite du *Phuc-Yen*.

Le *Nui-Lang* est une montagne abrupte de 600 mètres environ de relief sur la plaine voisine, couverte d'une épaisse forêt que les lianes entrelacées rendent inextricable, accessible seulement par quelques sentiers étroits et escarpés. L'artillerie n'y grimpe qu'à dos de coolies et après quels efforts !

C'est près d'un de ces sommets (cote 616) que le *Dé-Tham*, avec une bande de 35 à 50 fusils composée des derniers fidèles, les plus éprouvés et les plus redoutables, a choisi son champ de bataille et établi son repaire.

Ce repaire est à cheval sur les deux rives d'un arroyo encaissé coulant du S. O. vers le N. E. Il comprend 4 tranchées, se commandant ou se flanquant mutuellement, établies avec un sens merveilleux de l'utilisation du terrain.

L'une des tranchées — à laquelle nous donnerons le n° 1 — est sur la rive Sud, dans la vallée même de l'arroyo qu'elle enfile. Elle est dominée par les 3 autres ce qui la rendra intenable si elle est enlevée par nous. Les tranchées N°s 2 et 3 sont creusées, à peu de distance l'une de l'autre et à angle obtus, sur les pentes ascendantes de la vallée, au sud de l'arroyo, qu'elles battent parfaitement.

Les tranchées N°s 1, 2, et 3 semblent avoir été établies surtout pour battre la direction de l'Ouest et du Nord-Ouest par laquelle nous attend le *Dé-Tham*. Mais il a prévu le cas — qui s'est effectivement réalisé — où nous arriverions du côté contraire, par le Sud-Est. Les tranchées peuvent tirer dans deux directions opposées. Elles ont, en effet le profil suivant :

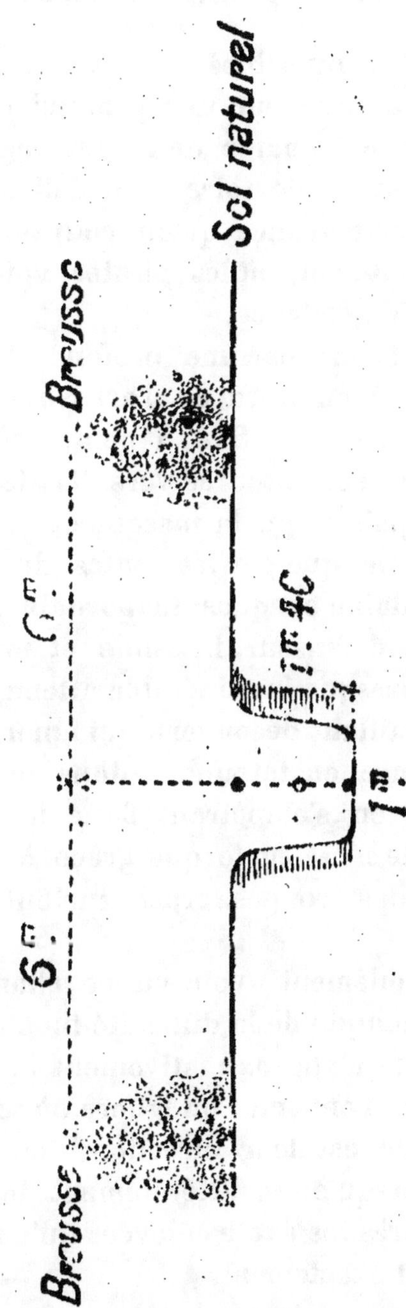

Ces tranchées profondes de 1ᵐ40 affleurent, avec
un relief insignifiant, le niveau du sol naturel : elles

sont parfaitement invisibles. Le terrain a été déblayé en avant et en arrière, sur une profondeur de six mètres seulement, seul champ de tir aménagé. C'est la lutte à bout portant obligatoire ! Au delà c'est la brousse dans laquelle on n'avance qu'au coupe-coupe, à peine éclaircie au ras du sol, où les pirates voient l'assaillant à 40-50 mètres de distance.

Le réduit est formé par une profonde tranchée circulaire (N° 4) assise au Nord de l'arroyo, sur un éperon escarpé dévalant vers le Sud, à pentes très raides, sur le ruisseau. Elle est entourée vers l'O. le N, et le N.-O. d'une brousse épaisse qui la masque et la protège, ne la rendant accessible que par les pentes du Sud. En, fait ce réduit formidable est quasi inabordable.

En résumé, le défenseur, invisible et muet, tapi dans sa tranchée et presque invulnérable attend, à très courte distance, un assaillant découvert, qui ignore ses emplacements et s'avance en tâtonnant dans la direction des coups de fusil, en s'empêtrant dans les lianes et les ronces. La partie n'est égale que grâce à la supériorité numérique de nos troupes, grâce surtout à leur généreuse ardeur !

Il faudrait réellement avoir vu ce champ de bataille pour se rendre compte de la difficulté inouïe de l'attaque.

On ne connaît qu'approximativement la zone dans laquelle se trouve l'ennemi : on ignore où se trouvent ses tranchées, quelle est leur direction, leur force. On ne les voit que lorsqu'on a littéralement les yeux dessus et ce n'est qu'après les avoir enlevées qu'on les reconnaîtra réellement et exactement.

Ce sera donc une attaque à tâtons dans l'inconnu. Et

comment combiner et exécuter avec exactitude une manœuvre efficace dans cet inconnu et dans cette jungle ?

Il faut au chef une force d'âme peu commune pour assumer, dans de telles conditions, la responsabilité d'une attaque à fond qui sera fatalement meurtrière ; le commandant *Bonifacy* l'a eue.

Une reconnaissance, guidée par des mans (montagnards de la région) et dirigée habilement par le lieutenant *Salel* a déterminé, sans être éventée, la zone qu'occupent les pirates. Des renseignements d'émissaires indiquent une tranchée principale, formant réduit au Nord de cette zone.

Le commandant décide de faire tâter (c'est ici le mot exact) le front de la position ennemie par deux groupes qui détermineront les tranchées avancées de l'adversaire et les investiront. Un autre groupe, conduit par un guide mans contournera la position par l'ouest et, se rabattant au Nord, prendra le réduit à revers et l'enlèvera à l'aide de ses bombes.

Malheureusement, il est impossible de régler avec exactitude, dans cette jungle, un mouvement de cette nature. Et puis, le renseignement indique le réduit au Nord de la position alors qu'il est à l'ouest — ouest — nord : c'est la tranchée circulaire dont nous avons parlé, complètement masquée par la brousse. Le groupe chargé du mouvement enveloppant la contourne à 50 mètres sans s'en douter, le dépasse et, se rabattant du nord au Sud vient effectivement prendre à revers la tranchée N° 2 déjà attaquée de front par un autre groupe, croyant avoir affaire à la pièce principale de l'échiquier ennemi.

De même, un nouveau groupe chargé de prolonger le front vers la droite puis de déborder l'ennemi à notre droite, face à l'ouest, perd sa liaison dans ce terrain fourré, donne trop d'amplitude à son mouvement débordant et vient, lui aussi, prendre à revers la tranchée N° 3 qu'il devait prendre simplement d'enfilade. Il résulte de ces mouvements que nous enserrons des deux côtés opposés, deux des tranchées N° 2 et 3 de l'adversaire, situation qui rendra difficile la fuite de ses défenseurs, mais qui rend notre propre tir très dangereux réciproquement pour les deux groupes opposés. S'il n'en résulte, en fait, aucun dommage, c'est grâce à la parfaite discipline du feu que les officiers ont su obtenir de leurs hommes.

Si nous avons relaté ici ces épisodes tout à fait caractéristiques de la guerre dans un tel terrain, c'est pour bien mettre en relief la difficulté énorme pour le commandement de combiner et de faire exécuter une manœuvre *sûre*. Après avoir orienté les chefs de groupe sur leur mission particulière, il ne pourra guère, en raison de la difficulté des communications, intervenir pour en surveiller ou redresser l'exécution et devra s'en remettre à peu près complètement à l'initiative de ses subordonnés, à leur habileté et à leur chance.

L'action directrice du Chef ne pourra plus s'exercer au cours du combat que pour assurer la liaison des efforts, en faisant préparer et appuyer par l'artillerie ou par les bombes les attaques de l'infanterie et par le jeu des réserves.

La tranchée N° 1 (celle du ruisseau) est attaquée d'abord. Une pièce d'artillerie se met en batterie sous le feu, à quarante mètres (faute de vues plus étendues) et la bat à obus percutants. A chaque coup, une section

de tirailleurs fait un bond en avant ; puis, entraînée
par une dizaine d'Européens, l'enlève à la baïonnette. Dès
les premiers coups de fusil, le *Dé-Tham*, qui était dans
cette tranchée, s'enfuit et, par une chance inouïe, peut
atteindre le promontoire escarpé, le nid d'aigle où se
trouve son réduit. Il abandonne dans la tranchée son
secrétaire, le crâne fracassé par un obus, et sa sacoche
contenant des papiers fort intéressants.

Un groupe essaie d'enlever de front, en progressant
pas à pas et en grimpant la pente raide du Sud, le réduit
(N° 4) dont nous avons parlé et où s'est réfugié le *Dé-
Tham*. Il est impossible d'ailleurs de l'enfiler (c'est une
tranchée circulaire) ou de l'entourer (la brousse épaisse
s'y oppose), ou de la battre par l'artillerie (à cause du
site). Trois attaques échouent sous un feu intense, malgré des efforts extraordinaires la dernière parvient à 3
mètres de la tranchée. Un officier, le lieutenant *Gressin*,
y est grièvement blessé en voulant lancer une bombe.
Le *Dé-Tham* a un bonheur insolent ; il pourra s'échapper
à la nuit.

De l'autre côté de l'arroyo, la tranchée N° 2 est enlevée
à la baïonnette par un assaut préparé par les bombes et
déclanché d'un élan merveilleux. Six pirates y gisent
morts : les autres ont pu s'échapper.

Malgré que le jour tombe rapidement on attaque aussitôt la tranchée voisine N° 3, et on y lance des bombes. A la nuit tombante, les pirates démoralisés s'enfuient précipitamment sans attendre l'abordage, laissant
de nombreux trophées entre nos mains (armes, munitions, papiers, poignards, pelles, pioches, cachets, etc...).

Nos troupes bivouaquent sous la pluie, sur le terrain de l'action.

Nos pertes sont malheureusement très sensibles : 19 tués dont 8 Européens et 34 blessés dont un officier. C'est l'affaire la plus chaude qu'on ait enregistrée depuis longtemps au Tonkin.

Nos troupes, artilleurs, marsouins et tirailleurs, y ont fait preuve d'une endurance remarquable et de la plus brillante valeur. Des hommes qui sous le feu d'un ennemi invisible, malgré les pertes, s'approchent à 3 mètres de tranchées énergiquement défendues et les enlèvent à la baïonnette, ces hommes sont des héros. On peut tout leur demander. Ces hommes d'élite, au cours de cinq heures de combat acharné, n'ont tiré en moyenne que *trois* cartouches ! Qu'on en cite de meilleurs !

Leur courage n'a pas été vain. La bande du *Dé-Tham* est à demi détruite, le prestige de son chef bien entamé. Plusieurs des survivants désertent, n'osant plus nous affronter.

Il ne reste plus au *Dé-Tham*, à l'ex-roi du *Yen-Thé*, qu'une douzaine au plus de fidèles, pourchassés, traqués comme des bêtes fauves.

EPILOGUE

Le combat du *Nui-Lang* a complètement détruit le *moral* des pirates. Ce n'est plus une bande organisée, apte à livrer combat ; c'est un troupeau de fugitifs fuyant sans cesse à notre approche, s'efforçant de se cacher dans les massifs montagneux les plus sauvages, les forêts les plus touffues.

La poursuite dure deux mois, sans trève ni repos, à travers cinq provinces différentes, sur plusieurs centaines de kilomètres ; Enfin le *Dé-Tham*, avec les débris qui lui restent — huit hommes — se réfugie dans l'épaisse forêt du *Yen-Thé*, son ancien domaine. Le vieux sanglier a regagné sa bauge.

La tactique employée va changer. Il ne s'agit plus de *combattre* un adversaire désemparé qui ne cherche qu'à se cacher : il s'agit de le *trouver* et de le *prendre*. Ce n'est plus une guerre, c'est une chasse, une grande battue. Elle est organisée en conséquence.

La présence du *Dé-Tham* étant signalée avec certitude dans un triangle boisé, limité par des chemins de 5 à 6 kilomètres de côté, ce triangle est investi tout d'abord, sur ses 3 faces, par le plus grand nombre possible de fusils ; troupes de la colonne, garnisons régulières des postes permanents de la région, garde indigène de la province (environ 150 hommes) partisans du Khan-Saï (300).

Les éléments d'investissement sont répartis, un peu en arrière des chemins par petits postes mixtes (Européens et indigènes) de dix à quinze fusils, parfaitement dissimulés, surveillant principalement les issues des chemins, sentiers, pistes ou arroyos venant de la forêt et par lesquels l'ennemi pourrait s'échapper.

En outre, deux groupes mixtes (environ 250 hommes) fouillent activement l'intérieur de la forêt pendant le jour et y tendent des embuscades pendant la nuit.

La méthode ne tarde pas à porter des fruits.

La femme du *Dé-Tham*, l'Egérie dont la sauvage énergie a maintenu les défaillances des derniers survivants, est prise par une patrouille, le *Dé-Tham* lui-même tombe dans une embuscade, frise la mort mais, par une chance suprême, s'échappe encore à la faveur de la nuit et de la jungle, en laissant le cadavre d'un de ses partisans.

Les autres, terrorisés, déprimés, lui échappent et viennent tous faire leur soumission.

Le *Dé-Tham* reste absolument seul errant dans la forêt, ravitaillé par les villages complices sur lesquels il a longtemps régné et qui le craignent toujours — qui l'aiment peut-être toujours — malgré qu'il soit réduit aux abois. On continue à le chercher et à le traquer.

Du moins, toute sa bande est détruite. Quatre mois d'efforts — et quels efforts ! — l'ont anéanti. Résultat dont peuvent être fiers tous ceux dont l'ardeur et le dévouement le prépara et le réalisa, tous ceux qui firent partie de la colonne dite du « *Phuc-Yen* ».

Hanoï, le 24 Décembre 1909.

ANGOULÊME

IMPRIMERIE MILITAIRE L. COQUEMARD ET Cie,